AF468775

L5b
1448.
(A)

1er Bataillon de Chasseurs à pied

Verdun, le 21 Juillet 1896

SIDI BRAHIM

23, 24 & 25 SEPTEMBRE 1845

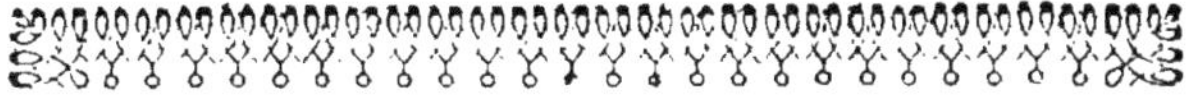

SIDI BRAHIM

23, 24 & 25 SEPTEMBRE 1845

Allocution prononcée pour l'anniversaire de Sidi Brahim par Monseigneur PAGIS, évêque de Verdun.

Insuffla super interfectos istos et reviviscant!

Qu'un souffle passe sur ces morts et qu'ils revivent!

Ezéchiel. 37, 9.

Messieurs,

Le spectacle que j'ai devant moi me saisit jusqu'au fond de l'âme : sous ces grandes voûtes, sous cette décoration de verdure, de trophées d'armes et de drapeaux, la mort et la vie se sont donné rendez-vous : la mort avec son appareil funèbre, avec l'harmonie grave et triste de ses chants, avec les souvenirs qu'elle évoque et qui planent sur ce vaste auditoire : la vie, avec tout ce qu'elle a de force, de vigueur, de jeunesse, de bravoure, de gloire acquise, de rêves d'espérance : car tout cela c'est vous, Messieurs, et il me semble que de vos âmes, où la vie déborde, il vient un souffle, qui passe sur ces morts dont nous célébrons la mémoire, et que vous leur dites : « Non, vous n'êtes pas morts, vous vivez et vous vivrez toujours dans notre souvenir, dans nos cœurs reconnaissants ! » (1) Un autre souffle vient de plus haut ; c'est le souffle de celui qui est le maître de la vie et de la mort ; il passe aussi sur ces soldats tombés, et de sa voix, qui ressuscite, Dieu leur dit : « Non, vous n'êtes pas morts ; je vous ai relevés et je vous garde dans l'éternelle vie. » *Insuffla super interfectos istos et reviviscant.* »

Quel spectacle, Messieurs ? En est-il un qui soit plus capable d'élever les âmes ? Les spectacles d'ici bas s'arrêtent à des limites bien étroites ; celui-ci ouvre devant nous des horizons immenses, et l'âme y prend son vol pour monter vers l'infini.

A cette cérémonie touchante, où l'Eglise et la France se donnent la main, je ne pouvais pas refuser une parole et je vais dire quelques-unes des émotions que j'éprouve et qui sont aussi les vôtres, Messieurs, car nous sommes tous unis de cœur en cet hommage solennel du patriotisme et de la foi.

I

L'armée est une famille, une grande et belle famille, qui a ses traditions d'hon-

(1) *Insuffla super interfectos istos et reviviscant.*

neur, de dévouement, de bravoure, d'héroïsme, que vous gardez avec un soin jaloux, que vous protégez contre l'oubli, et qu'à certains jours vous mettez en lumière. Vous êtes de ceux qui savent se souvenir : le souvenir, c'est la moitié de la vie et la plus importante peut être, car la vie humaine ne peut pas aller devant elle à l'aventure, à l'aveugle : il faut que le passé la guide, la soutienne de ses exemples, l'éclaire de ses leçons.

Bataillon du 1er chasseurs, vous l'avez compris. Je vois sur ces murs toute une série de noms glorieux : cette gloire, qui les environne, vous appartient ; elle vous est venue de vos devanciers ; vous la gardez avec un légitime orgueil, et vous n'avez qu'un désir, qui brûle comme une flamme, en vos âmes de soldats : c'est d'ajouter d'autres noms glorieux à la liste de vos gloires ; c'est de mériter que la France, en vous regardant, puisse dire : « Entre tous mes enfants, voilà les plus braves. » Elle le disait, il y a cinquante ans, au lendemain du combat de Sidi Brahim, aux applaudissements de l'Europe entière ; elle pouvait le dire, l'année dernière encore, alors que vos camarades tombaient à Madagascar, plus obscurément, non moins glorieusement que les héros de Sidi Brahim.

Madagascar : encore un nom que vous pouvez inscrire sur vos drapeaux et sur nos murs ; il est bien à vous ; vous l'avez conquis et ce sont vos morts de la grande île que nous associons aujourd'hui aux morts de Sidi Brahim. Toutefois si vous avez l'initiative de cette belle cérémonie, vous n'entendez pas la restreindre à votre bataillon : elle est pour vous et pour tous vos frères d'armes ; nous les enveloppons tous dans le même souvenir, dans la même prière : vos gloires sont celles de l'armée, comme celles de l'armée sont les vôtres. C'est pourquoi toute l'armée de Verdun est ici représentée. Je la salue avec une joie patriotique et j'offre l'hommage de ma vive sympathie aux braves officiers qui la commandent.

II

Messieurs, le courage, l'abnégation, la bravoure, l'héroïsme en ces manifestations sublimes, dont nous célébrons aujourd'hui la mémoire, ne sont pas les fruits d'une génération spontanée : comme à toute chose ici bas, il leur faut une préparation. Avant d'arriver à sa maturité et de prendre la couleur d'or, la moisson est jetée dans le sillon ; elle y germe, elle lève de terre, elle grandit sous la rosée, sous le soleil. Messieurs, vous aussi, vous semez ; vous semez dans les âmes de nos soldats des énergies fécondes et vous les faites grandir, pour qu'elles deviennent une moisson de gloire. Il y a trois choses, à mon avis, qui font la force des armées et des peuples : l'*autorité*, la *discipline*, le *dévouement*. Ces trois grandes choses, vous les apprenez à nos soldats, et par nos soldats, au pays.

L'autorité d'abord : notre époque oublie trop que l'autorité est indispensable à l'équilibre social. Nous parlons beaucoup de liberté; nous demandons toujours la liberté; soit; je ne suis pas ennemi de la liberté, mais à la condition que la somme de liberté voulue ait son contrepoids dans l'autorité. La liberté qui n'est pas contenue, c'est la licence, c'est le désordre : un peuple souffre toujours, et nous le savons bien, quand l'autorité n'est plus assez forte pour contenir les écarts de la liberté. — Sur ce point capital, Messieurs, vous êtes pour le pays une grande et salutaire leçon. L'armée est le sanctuaire inviolable de l'autorité ; au cœur de vos soldats, le premier de tous les sentiments, c'est le respect. Quand vous paraissez à la tête de vos compagnies, de vos bataillons, de vos régiments, c'est l'autorité qui se montre, l'autorité qu'on ne brave jamais, qu'on ne discute pas, qu'on ne critique pas, devant laquelle tout le monde s'incline. On la respecte, à la caserne, à l'exercice, au champ de manœuvres ; on la respecte jusque dans la rue, et, quand vous passez, on l'honore en saluant. — Voilà un exemple plus utile au pays qu'on ne pense : on s'est plaint que la jeunesse française fût condamné à passer tout entière par vos mains; pour le pays c'est une lourde charge ; mais il faut l'accepter patriotiquement, si elle vous permet de pénétrer les générations actuelles du sentiment du respect. C'est le respect qui nous manque le plus, et vous êtes par excellence, Messieurs, les maîtres du respect.

Le respect appelle la *discipline*, ou, pour mieux dire, la discipline est fille du respect. La discipline, c'est la grande loi de la vie. Par instinct et par nature, l'homme est indiscipliné ; il a horreur du frein, de la contrainte, de la règle ; si vous l'abandonnez à lui-même, il dissipe capricieusement en pure perte, ou laisse s'éteindre dans l'inertie l'activité merveilleuse dont il est doué ; disciplinez l'intelligence : vous aurez des savants ; disciplinez le courage, la bravoure, la bravoure française surtout : vous aurez des soldats, d'incomparables soldats. — Vous le savez mieux que personne, Messieurs, et votre discipline est ferme, sévère, inexorable ; elle impose l'obéissance passive. C'est par elle que les brillantes qualités de notre race, l'ardeur généreuse, la *furia* du tempérament français s'assouplissent entre vos mains et deviennent une force soumise, docile, maniable, que vous savez contenir, que vous savez lancer aussi, quand il le faut, pour qu'elle aille, irrésistible et comme d'un bond, à la victoire. Soldats français, voilà comment vous avez été et comment vous resterez toujours les premiers soldats du monde. Cette discipline du régiment, vous l'emporterez plus tard dans la vie civile ; elle sera pour la nation un accroissement de force morale. Messieurs, je signale un nouveau bienfait dont la France vous sera redevable.

Enfin, le respect, la discipline mènent directement, par le chemin de l'honneur, vers les hauteurs sublimes du dévouement, de l'abnégation, du sacrifice. Ces grandes vertus faisaient autrefois le fond même des âmes françaises. Pendant de longs siècles, elles ont nourri, entretenu, développé cet héroïsme traditionnel, qui brille, comme une traînée de diamants, aux pages d'or de notre histoire nationale. Je regarde et ne puis pas m'empêcher de saluer, devant vous, ces braves, qui furent nos aïeux, ces chevaliers sans peur et sans reproche, toujours prêts à partir, l'épée au poing et la croix sur la poitrine, toujours impatients de combattre pour la défense de toutes les saintes causes, pour la vérité, pour la justice, pour Dieu, pour la Patrie. — Aujourd'hui, Messieurs, sommes-nous à la taille de ces héros légendaires ? Je ne veux pas répondre, mais ce que j'affirme hautement, c'est qu'elle n'est pas morte, la bravoure de nos aïeux ; c'est qu'elle revit en vous, officiers et soldats ; c'est que par vous, elle parait encore devant l'ennemi, devant la mitraille, devant la mort. S'il fallait citer des exemples, j'en trouverais par milliers et je les montrerais comme des points lumineux jusque dans la nuit sombre de nos désastres. Pour me restreindre au cadre de cette fête, étaient ils moins vaillants que les plus vaillants de nos chevaliers, ces 83 chasseurs d'Orléans, dont nous célébrons, après un demi-siècle, l'héroïque bravoure ? Echappés au désastre, au guet-apens de Sidi-Brahim, ils se retranchent dans un marabout, entre quatre murs de terre, pour faire face à une armée entière ; pendant trois jours, ils repoussent les assauts furieux de plusieurs milliers d'Arabes, qui tourbillonnent autour d'eux ; forcés d'abandonner le marabout où ils n'ont plus ni une balle, ni un morceau de biscuit, ni une goutte d'eau, ils s'élancent sur l'ennemi à la baïonnette, lui passent sur le corps, descendent au pas de course dans un ravin profond, se forment en carré, sous une pluie de balles, la rage au cœur, car ils n'ont rien pour répondre, et meurent en criant vive la France ! Petits chasseurs, voilà ce que faisaient vos devanciers : c'est votre gloire immortelle. Ce que vous feriez aujourd'hui, Madagascar nous l'a montré. Votre bataillon avait là-bas vingt-quatre volontaires : douze sont morts ; les douze autres sont mortellement atteints et ne se relèveront pas. Mourir sur un champ de bataille, en face de l'ennemi, frappé d'une balle ou d'un éclat d'obus, c'est beau, c'est enviable ; vous aimeriez bien cette mort, Messieurs ; mais mourir à mille lieues de la Patrie, à la poursuite d'un ennemi qui se dérobe toujours, par des chemins qu'il faut creuser dans le roc ou la terre vierge, d'où se dégagent des miasmes pestilentiels ; mourir de cette fièvre atroce qui vous dévore lentement, cruellement, mais hélas! sûrement; mourir sans secours, sans ami, sans une parole de consolation et d'espérance, et pourtant mourir sans murmurer, sans se plaindre, et envoyer à la France son dernier soupir, comme l'hommage suprême d'un indéfectible amour; n'est ce pas plus beau que la mort du champ de bataille? N'est ce pas l'héroïsme à son degré le plus sublime? Voilà de quoi sont capables les soldats que vous faites, Messieurs; honneur à vous, honneur aux soldats de la France.

Je ne puis pas dire ces choses sans un frémissement de mon cœur de Français, et je remercie Dieu, je remercie le Christ, qui aime toujours les Francs. Je le remercie de garder la vigueur à ce sang français dont Jeanne d'Arc disait qu'il était le premier du monde; je le remercie d'avoir ressuscité l'armée française, avec son organisation puissante, comme une force vive, qui domine le pays, pour le protéger, pour le défendre, pour le relever par l'exemple des mâles vertus, pour refaire un jour, et bientôt, je l'espère, la France du passé, la France victorieuse.

III

J'ai nommé le Christ, ce vieil ami des Francs. Il a sa place, sa large place ici: ce temple lui appartient, et c'est devant lui que vous portez votre hommage à vos morts glorieux. Il serait étrange qu'il n'eût pas sa place aussi dans mon discours ; il l'aura. C'est lui l'ouvrier de toutes les gloires françaises ; c'est lui le Dieu des batailles ; c'est lui le père de la bravoure, de l'héroïsme, de toutes les grandes vertus, qui font le soldat. Il les couronne ici-bas par la victoire, là-haut par l'immortalité. Voilà la grande croyance catholique et française ; elle doit rester vivante au cœur de nos soldats, et sans elle, je ne sais pas si on peut être vraiment soldat.

S'il n'y avait pas le Christ, suprême rémunérateur ; si la vie était restreinte aux étroites limites du présent ; si on coupait les ailes à notre espérance, et si elle tombait à terre, pour se traîner, sans rien voir au-delà de la tombe, en un mot si l'existence présente était le tout de l'homme ; pourquoi tant se gêner ici bas ? pourquoi souffrir volontairement ? Pourquoi la caserne avec ses privations et ses exercices fatigants ? Pourquoi, sur l'ordre des chefs, paraître sur un champ de bataille ? Pourquoi s'exposer à la mort ? Pourquoi mourir ? Matérialistes, rationalistes, incroyants de toute espèce, vous ne pouvez pas répondre à ces pourquoi. Dès lors que la vie présente est tout pour l'homme, il faut qu'il la garde, qu'il l'entoure de toutes les précautions, qu'il en jouisse de son mieux : c'est son droit ; c'est son devoir ; mais dès lors aussi tout est ébranlé, tout s'affaisse et tout croule ; vous n'avez plus que des ruines : l'autorité n'est plus qu'un mot ; la discipline, une tyrannie ; le patriotisme, une chimère ; la bravoure, une aberration ; l'héroïsme, un nom vide : donc plus de soldats, plus d'armée, plus rien. Soldats, qu'en dites vous ? Est-ce qu'il faut répondre à de pareilles doctrines ? Non, on ne leur répond pas ; on les attend ; et le jour où elles descendent dans la rue, on les mitraille.

Elevons nos regards, Messieurs, au-dessus de ces nuages, vers les régions de la lumière et de la vérité. Laissons monter de nos âmes le cri de la raison, de la foi, de l'immortelle espérance : *Scio quia Redemptor meus vivit et in novissimo die de terra surrecturus sum :* Je le sais : je le crois : mon Rédempteur est vivant ; la terre ne me gardera pas ; je lui échapperai ; je ressusciterai. Oui, ils ressusciteront, ces braves que vous honorez aujourd'hui ; quand on tombe, par le sacrifice volontaire de soi-même, pour le devoir, pour l'honneur, pour la patrie, on tombe pour Dieu, et c'est Dieu qui relève ; j'ai la conviction profonde que toutes les grâces, toutes les miséricordes, tous les pardons entourent le soldat qui meurt sur le champ de bataille ; pendant qu'ici-bas nous honorons sa mémoire, Dieu le récompense et le couronne au ciel. Est-elle un mal, je le demande, n'est elle pas plutôt un objet d'envie, la mort qui fait entrer d'emblée dans la gloire ?

Soldats, que ces hautes pensées soutiennent votre courage et le rendent invincible. Demeurez fortement disciplinés dans la paix, et un jour, l'heure venue, allez résolument à l'ennemi, sous le regard de vos chefs, sous le regard de Dieu. N'ayez pas peur des balles ; n'ayez pas peur de la mort ; la mort, ce n'est rien, ou pour mieux dire, c'est le passage à la gloire, à cette gloire que Dieu donne pleine, entière, éclatante, éblouissante, dans la lumière de l'immortalité.

AMEN.

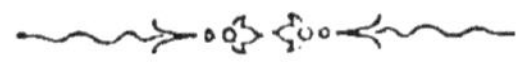

VERDUN. — IMPRIMERIE RENVÉ-LALLEMANT.

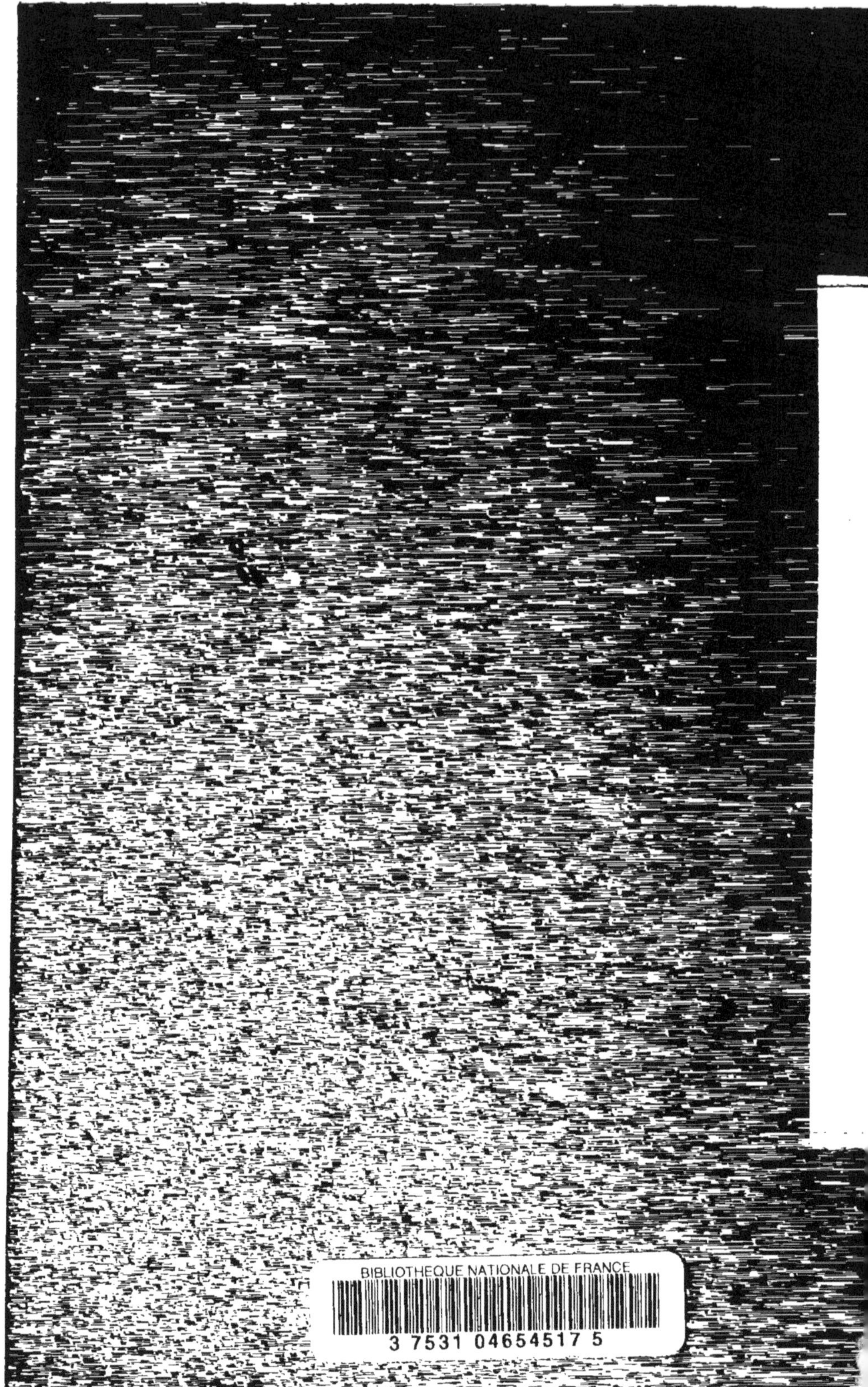

www.ingramcontent.com/pod-product-compliance
Ingram Content Group UK Ltd.
Pitfield, Milton Keynes, MK11 3LW, UK
UKHW020229200726
13856UKWH00004B/1680

9 782011 923769